Angelica Gierl

Fernöstliche Kreuzstichmuster

Angelica Gierl

Fernöstliche Kreuzstichmuster

rosenheimer

Musterzeichnungen von der Autorin
Fotos: Klaus G. Förg, Rosenheim
Umschlagfoto: Klaus G. Förg, Rosenheim
Satz: Grafik Birkl, Riedering
Druck und Bindung: Ludwig Auer, Donauwörth
ISBN 3-475-52839-8

Inhalt

Vorwort

»So war es schon bei den alten Griechen«, heißt es immer, wenn man auf das besonders hohe Alter einer Institution hinweisen will.

Die »alten Griechen« jedoch werden weit übertroffen von den »alten Chinesen«, deren Kultur sehr viel älter ist und die lange vor uns die erstaunlichsten Erfindungen gemacht hatten – das Schießpulver, den Kompaß oder die Buchdruckerei, um nur einige zu nennen.

Auch im Bereich der schönen Künste war China lange vor dem Abendland auf einem sehr hohen Stand. Man denke nur an die Muster auf feinsten Porzellangefäßen, oder auch an die reichbestickten Roben des Kaisers und seines Hofstaates, die Zeugnis geben von der fast unglaublichen Kunstfertigkeit der chinesischen Stickerinnen.

Neben der Seidenstickerei gibt es aber auch eine weit zurückgehende Tradition von Kreuzsticharbeiten. Ich habe sie auf einer Reise im Süden Chinas und seinen Nachbarregionen Laos, Thailand, Vietnam und Burma kennengelernt

Natürlich bin ich nicht die erste Europäerin, die sich mit chinesischer Kreuzstich-Stickerei befaßt hat. Bereits in der ersten Hälfte des 20. Jahrhunderts sammelte Dr. Schuster Stickmuster aus diesen Gebieten und brachte rund zweitausend Beispiele mit nach Hause, die in ihrer Art bis dahin bei uns völlig unbekannt waren. 1952 kaufte das Museum für Völkerkunde in Basel etwa 500 Exemplare, während etwa 1000 in das »Field Museum of National History« in Chicago gelangten. Es waren Arbeiten, wie sie hauptsächlich von den völkischen Minderheiten in Südwestchina, Laos und Vietnam hergestellt wurden.

Diese Stickereien sind aber nicht nur Zeugnisse einer reichen Vergangenheit, vielmehr hat sich ihr Formenschatz bis in die Gegenwart erhalten, und noch heute kann man sie auf den Märkten entlegener Dörfer und Städte erstehen.

Seit der zunehmenden Öffnung Chinas für den Tourismus und seit große Teile dieses Landes auch für Einzelreisende zugänglich sind, ist es wieder möglich, den Spuren Dr. Schusters zu folgen und seine Sammlung von Stickmustern zu ergänzen.

Eine Reise in den Südwesten Chinas wird wohl immer Kunming als Ausgangspunkt haben, die Hauptstadt der Provinz Yünnan. Sie liegt 1500 Meter hoch und hat damit im Sommer ein ausgesprochen angenehmes Klima, was man besonders zu schätzen weiß, wenn man gerade der schwülen Hitze Hongkongs oder Kantons entronnen ist.

Früher war die Stadt ein chinesischer Außenposten gegenüber dem »wilden Süden« – waren doch die Chinesen hier auf drei Seiten von teilweise recht »wilden« Minderheiten umgeben, die eine chinesische Oberhoheit nicht immer freudig begrüßten.
Auch heute noch wird das Straßenbild von buntgekleideten Sani-Frauen aufgelockert. Sie kommen aus einer Region etwa 120 Kilometer südöstlich von Kunming und bieten ihre farbenprächtigen Stickarbeiten an.

Mich aber führte meine Suche in weit entlegenere Gebiete, in das 400 Kilometer östlich von Kunming gelegene Dali. Wie bei allen Reisen in China bedurfte es auch hier zahlreicher Vorbereitungen. Erst mußte festgestellt werden, wo überhaupt die Busse in diese Gegend abfahren; wie sich herausstellte, tat ich gut daran, die Fahrkarte einige Tage im voraus zu kaufen. Es gibt eben nicht nur zahlreiche Touristen, sondern auch 1,2 Milliarden Chinesen, und manchmal schien es, daß fast alle auf den Beinen waren und ebenfalls mein Ziel ansteuerten.

Im Dunkeln begab ich mich dann vom Hotel zur Busstation und war froh, als sowohl mein Gepäck als auch ich selbst einigermaßen Platz gefunden hatten – allerdings nur »einigermaßen«, denn Chinesen sind wesentlich kleiner als Westeuropäer, und die Busse sind extrem platzsparend eingerichtet, also nichts für lange Beine.

Die Fahrt dauerte zehn Stunden, aber langweilig war sie nie, denn der Kontakt zu den Nachbarn mußte gepflegt werden. Zahllose Fragen nach Herkunft, Beruf, Alter und Größe wurden abgeklärt, Reiseproviant ausgetauscht und die deutsche Nationalhymne gesungen. Aber nicht nur das Innere des Busses war voller Überraschungen, sondern auch die Landschaft und die Dörfer, durch die wir fuhren. Dali liegt 2030 Meter hoch, doch zwischen Kunming und meinem Ziel befinden sich zahlreiche bewaldete Gebirgszüge, tief eingeschnittene, fruchtbare Täler und vor allem die Dörfer mit ihren vielfältigen Menschen. Ein winziger Junge führte einen Wasserbüffel zum abendlichen Bad, ein Traktor war umgestürzt, der Fahrer saß bestürzt daneben und hielt sich den schmerzenden Kopf. Ich hoffe, daß ihm nicht allzuviel passiert ist!

Dann erreichten wir Dali, die Hauptstadt eines ehemaligen Königreiches, eine reizvolle kleine Stadt, die noch fast vollständig von einer Mauer umgeben ist. Sie liegt inmitten von Reisfeldern, die im August von zahlreichen Frauen, Kindern und alten Leuten bewacht werden – nur zu schnell mindern gefräßige Vögel den Ernteertrag erheblich!

Neben dem Reisanbau dient den Menschen in dieser Gegend auch die Kormoranfischerei auf dem Erhai-See als Lebensgrundlage. Kormorane sind Vögel mit großen Schnäbeln, die hier wie Haustiere gehalten werden. Bevor man sie auf die Jagd schickt, wird ihnen der Hals mit einer Schlinge verengt; somit können sie zwar fischen, ihre Beute aber nicht hinunterschlucken. Bis zu acht Fischen bringt ein Kormoran in seinem Schnabel unter. Wenn der Fischer an die Bordwand klopft, kehren die Vögel ins Boot zurück und geben ihre Beute frei.

Auch wenn Dali heute recht entlegen ist, so bestanden doch früher weitreichende Verbindungen. Händler und Reisende, die vom nördlichen Sichuan und vom westlichen Tibet kamen, durchquerten das Königreich. Bis in die Gegenwart blieben Kontakte nach Thailand, Burma und Laos erhalten.

Im 20. Jahrhundert änderte sich dies grundlegend. Der Handel verlagerte sich auf die Meere, die politischen Zentren waren weit weg. Die Auswirkungen der großen politischen Umwälzungen – das Ende des chinesischen Kaiserreiches, die japanische Invasion, die Zeit des »Langen Marsches« und die Kulturrevolution unter Mao – erreichten die unzugänglichen südchinesischen Bergregionen nur langsam. So ist es dieser Abgeschiedenheit zu verdanken, daß bis heute zahlreiche bäuerliche Traditionen ungebrochen erhalten blieben, allen politischen Wirren zum Trotz.

Was allerdings all den politischen Umstürzen nicht geglückt ist, schaffen die Errungenschaften des 20. Jahrhunderts innerhalb weniger Jahre: Film und Fernsehen bringen neue modische Ideale in die entlegensten Dörfer und lassen die tradierten Kleidungsstücke mit ihren schönen Stickereien hoffnungslos hinterwäldlerisch erscheinen.

Es wird wohl nur noch wenige Jahre dauern, bis jede Spur dieser Traditionen unrettbar verloren ist, besonders auch, weil der chinesische Staat angesichts zahlreicher drängenderer Probleme weder Geld noch Fachkräfte hat, um wenigstens die noch vorhandenen Stücke zu sammeln und für die Nachwelt zu erhalten.

Es ist doch recht erstaunlich, daß auch die Bäuerinnen, mit denen ich über ihre Trachten und Stickereien sprach, sich darüber im klaren waren, daß dieser Teil ihrer Kultur verlorengeht. Sie waren gerne bereit, mir ihre gestickten Schürzen, Kopftücher und andere Stücke zum Abzeichnen zu überlassen, denn sie sahen wohl, daß nur so die Möglichkeit besteht, diese Tradition zu erhalten.

Die bäuerlichen Stickereien im Südwesten Chinas sind von einer gestalterischen Unerschöpflichkeit, wie sie kaum in einer anderen volkstümlichen Stickerei zu finden ist. Die Motive sind übersichtlich dargestellt, größere Freiflächen werden vermieden – gerade durch ihre Dichte wirkt die Stickerei besonders reich.

Bis vor kurzem stellten die Frauen die Materialien für ihre Stickarbeiten weitgehend selbst her. Der Baumwollstoff ist auch heute noch teilweise handgewebt. Gefärbt wird mit Indigo, einer Pflanze, die im tropisch heißen Süden wächst und von den Frauen selbst verarbeitet wird. Färben ist denkbar einfach: Die Pflanze wird geschnitten und in hohen Holzfässern mit Wasser angesetzt. Nach einigen Tagen bildet sich bei den heißen Temperaturen eine blaue Brühe, die Indigofarbe. Werden die Stoffe längere Zeit in diese Brühe eingelegt, so entsteht ein dunkles Blau, das fast schwarz erscheint.

Heute wird nur noch selten auf diese arbeitsaufwendige Art gefärbt – der Handel versorgt auch die entlegenen Teile Chinas mit industriell gefertigten und gefärbten Stoffen. Dies gilt auch für die Garne – statt Indigo werden Anilinfarben verwendet, statt Baumwollgarn Kunstfasern.

Dies ist eine Entwicklung, die beim Nachsticken nicht unbedingt wiederholt werden sollte – stehen doch der Stickerin bei uns in großem Umfang fein abgestufte Farben zur Verfügung.

Eine andere Eigenart dieser Stickerei erscheint mir sehr interessant: Niemand legt besonderen Wert auf eine genaue Kopie des Vorbildes – dies ist auch beinahe unmöglich, denn die Frauen sticken alle Muster auswendig. Da bleibt es nicht aus, daß Varianten entstehen, und wenn Sie die Fotos genau ansehen, werden Sie schnell merken, daß sich gewisse Motive wiederholen, diese aber nicht ganz identisch sind. Die tradierten Formen sind also nicht im Detail festgelegt, sondern nur im großen Rahmen – Variationen und künstlerische Freiheit sind erlaubt.

Praktische Hinweise

Schon beim Zeichnen fiel mir immer wieder auf, daß es sich um sehr komplexe Muster handelt, daß man also genau aufpassen muß, damit sich nicht irgendwo ein Fehler einschleicht. Falls das passiert, sollten Sie lieber wieder auftrennen, denn meist gelingt es nicht, das Muster »stimmend« zu machen.

Die volkstümlichen chinesischen Muster sind im Kreuzstich ausgeführt, allerdings mit kleinen Abweichungen. Manchmal wird Vorderstich verwendet, um etwa Finger anzudeuten (Seite 14) oder um die dünnen Spitzen von Blättern darzustellen (z.B. Seite 29, 31, 32, u.a.).

Gelegentlich sind Stiche einfach in den Raum gesetzt worden, ohne sich an den vorgegebenen Raster (hier das Karopapier) zu halten. Dies ist auf Seite 14 der Fall, wo der ankommende Besuch von einer Art Heiligenschein umgeben ist. Hier empfehle ich Ihnen, sich ganz vom Stoff und vom Fadenzählen zu lösen. Setzen Sie einfach die Kreuze kreisförmig um den Kopf herum, so wie es Ihnen am besten gefällt.

Wenn nichts anderes angegeben ist, waren die Muster mit weißem Garn auf indigogefärbten Baumwollstoff gestickt. Im Gegensatz dazu kann mit blauem Garn auf weißen Stoff gearbeitet werden. Auch bei der Auswahl der Farben brauchen Sie sich nicht an Vorgaben zu halten. Die Zusammenstellung von weiß und indigoblau hat zwar ihre besonderen Reize und ist typisch für diese bäuerliche Stickerei. Scheuen Sie sich dennoch nicht, Ihre eigenen Farbkombinationen zu verwenden, viele Vorlagen bieten sich dafür geradezu an.

Und wenn Sie einmal ganz verzweifelt sind und die gesamte Stickerei am liebsten zum Kuckuck wünschen würden, trösten Sie sich: Den Stickerinnen im alten China ist es offenbar auch oft so ergangen. Denn warum sonst hätten sie den siebten Tag des siebten Monats im Mondkalender zu ihrem Feiertag erklärt? An diesem Tag haben die Frauen darum gebetet, daß ihnen der Himmel größeres Geschick beim Sticken gewähren möge.

Besuch kommt

Dieses reizvolle Muster stellt die Ankunft eines Besuches dar, der die Reise mit dem Boot zurückgelegt hat, im frühen China ein oft gewähltes Verkehrsmittel.

Im Bild sehen wir oberhalb unserer Reisegruppe ein rundes Ornament mit zwei durchgezogenen, diagonalen Linien – jeder Europäer wird dies für die Sonne halten. In der chinesischen Stickerei wird aber auf diese Weise Geld dargestellt, genauer gesagt, die runden Münzen mit dem quadratischen Loch in der Mitte zum Aufhängen. Diese Münzen waren bis zu Beginn des 20. Jahrhunderts allgemeines Zahlungsmittel.

Münzen galten seit altersher als Amulette gegen krankmachende Dämonen – ein Schutz, dessen man auf langen, gefahrvollen Reisen wohl bedarf.

Die Herstellung der Schachtel

Im vorliegenden Fall wurde eine ovale Spanschachtel mit den Maßen 14 x 20 cm verwendet.

Zuerst legen Sie eine genau passende Schaumgummiplatte auf den Deckel und kleben sie fest (Pritt-Stift eignet sich sehr gut für alle Klebearbeiten, die hier durchgeführt werden müssen.) Der Schaumgummi wird beschwert, und wenn der Klebstoff vollständig getrocknet ist, können Sie weiterarbeiten.

Nun legen Sie die Stickerei straff über den vorbereiteten Deckel, ziehen die Stoffränder über den Rand des Deckels und kleben sie dort fest. Damit der Rand schön glatt wird, empfiehlt es sich, Gummiringe darüberzuspannen.

Nach dem Trocknen kann man den überstehenden Stoff abschneiden, am besten 2 mm über dem Holzrand. Falls der Stoff nicht überall ganz fest klebt, müssen Sie dies jetzt nachholen. Dabei fixieren Sie ihn nochmals mit Gummibändern.

Nun schneiden Sie die bestickte Borte auf die richtige Länge zu; geben Sie dabei etwa 2 cm Stoff zu. Ein Ende der Borte wird umgeschlagen und mit Klebstoff fixiert. Dann streichen Sie das Band (nicht die Schachtel, das ist wichtig) gut mit Klebstoff ein und drücken es an der Schachtel fest. Die Enden überlappen sich, das versäuberte Ende liegt oben. Auch hier tun Gummiringe wieder gute Dienste, um die Borte festzuhalten. Am besten entfernt man sie erst nach einigen Tagen.

Bitte beachten Sie, daß der Stoff nicht um den unteren Deckelrand umgeschlagen werden darf, weil sonst der Deckel nicht mehr auf die Schachtel paßt.

Selbstverständlich eignen sich viele der Ihnen hier vorliegenden Muster für eine Schachtel. Für Neuvermählte ist z.B. das doppelte *xi,* das Glückssymbol für eheliches Glück, sehr geeignet (siehe S. 45); es sollte dann in roter Farbe gestickt werden, die zusätzlich zum Symbol als sehr glücksbringend gilt.

Garn von MEZ Nr.: 1035 (dunkles Blaugrau)

Der Kaiserkanal

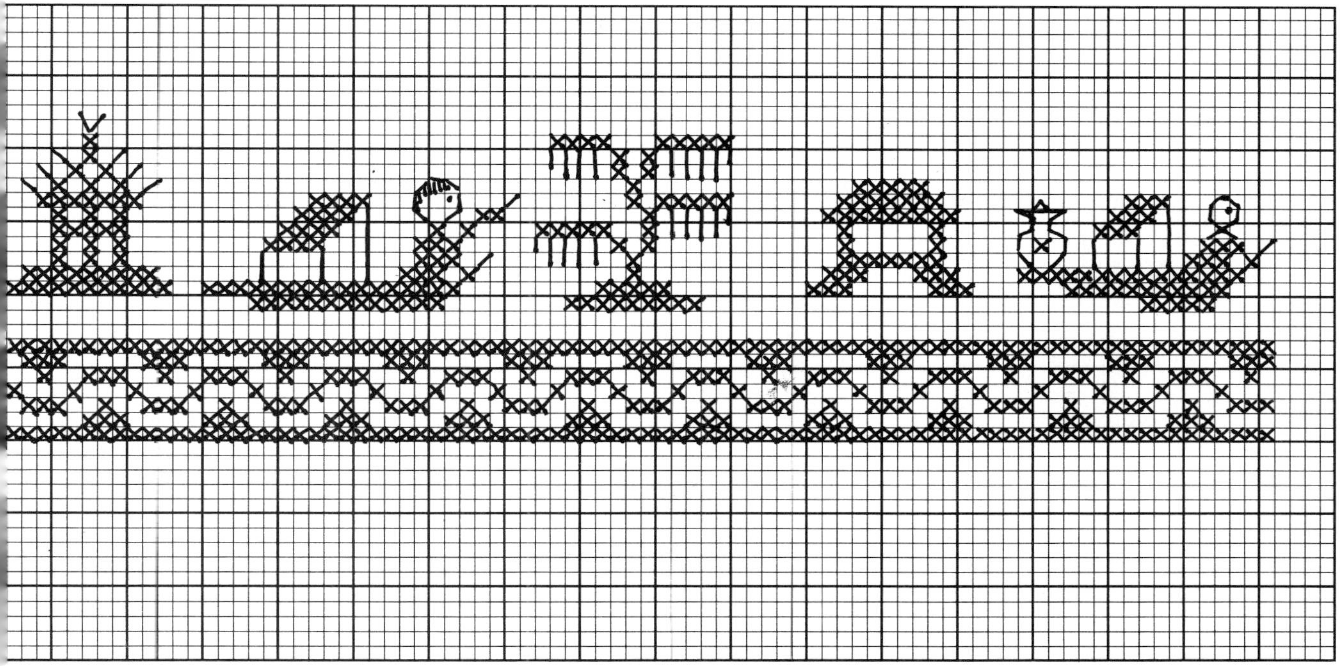

China kann auf eine lange Kanal-Tradition zurückblicken. Es gibt dort den längsten von Menschenhand geschaffenen Wasserweg. Schon 591 gab der Kaiser Yang Di den Auftrag, einen Kanal zu bauen, der die reichen Reisanbaugebiete Südchinas mit den kargen Landstrichen im Norden verbinden sollte. Dieser Kanal, der Kaiserkanal, ist 1794 Kilometer lang und verbindet Peking im Norden mit Hangzhou, einer kleinen Stadt südöstlich von Shanghai.

Auch heute noch wird der Kaiserkanal genutzt, sowohl von der Personenschiffahrt als auch von Frachtschiffen.

Das Muster gibt sehr detailgetreu das Leben entlang der Kanäle und Flüsse im alten China wieder: Lastkähne mit Fässern und Fischerboote ziehen vorbei an Tempeln, Weidenbäumen und überdachten Brücken. Die Borte paßt sehr gut zu diesem Genrebildchen, sie stellt Wellen dar.

Gürteltasche vom Steinwald

Garn MEZ Nr.:

- ✕ *403*
- ✕ *326*
- ✕ *89*
- ✕ *246*
- ✕ *47*
- ✕ *101*

Etwa 120 Kilometer südöstlich von Kunming (Provinz Yünnan, Südchina) liegt eine bizarre Landschaft, der »Steinwald« – zahllose Kalkfelsen ragen wie tote Bäume in den Himmel. Fast ist es wie in einem Irrgarten, aus dem man nur zufällig wieder herausfindet.

Hier leben die Sani, ein sehr geschäftstüchtiges Volk, das aus jahrelangem Kontakt mit Touristen seine Konsequenzen gezogen hat. Der Tageslauf der Frauen hat seitdem einen ganz eigenen Rhythmus bekommen, was man erst bemerkt, wenn man einige Tage bei ihnen gelebt hat: Früh am Morgen ist jeder in seiner Lehmhütte, versorgt das Vieh oder arbeitet auf dem Acker. Aber rechtzeitig ehe die ersten Touristenbusse aus Kunming kommen, schleppen die Frauen ihre Waren an den Straßenrand und breiten sie dort an improvisierten Ständen aus. Hauptsächlich sind es bunte Kreuzstichstickereien. Da das Angebot der touristischen Nachfrage entsprechen muß, werden die Stickereien weiterverarbeitet, meist zu Taschen.

Den ganzen Tag verbringen die Frauen bei ihren Waren, stickend und handelnd. Verständigungsprobleme entstehen kaum, denn jeder kennt die Bedeutung von »how much?«. Trotzdem war es für mich hilfreich, daß ich mich mit ihnen auf chinesisch unterhalten konnte.

Erst am Abend kehren die Sani-Frauen in ihre Häuser zurück, um sich erneut ihren alltäglichen Pflichten zu widmen.

Die hier gezeigte Tasche (15,5 x 13 cm) kann mittels einer kleinen Schlaufe an der Rückseite am Gürtel befestigt werden.

Auffallend ist die Verbindung von Patchworktechnik und Kreuzstichstickerei, auch wenn ich eine andere Farbzusammenstellung getroffen hätte – aber bunt ist nun einmal in Südchina sehr beliebt!

Große Tasche »Sternmuster«

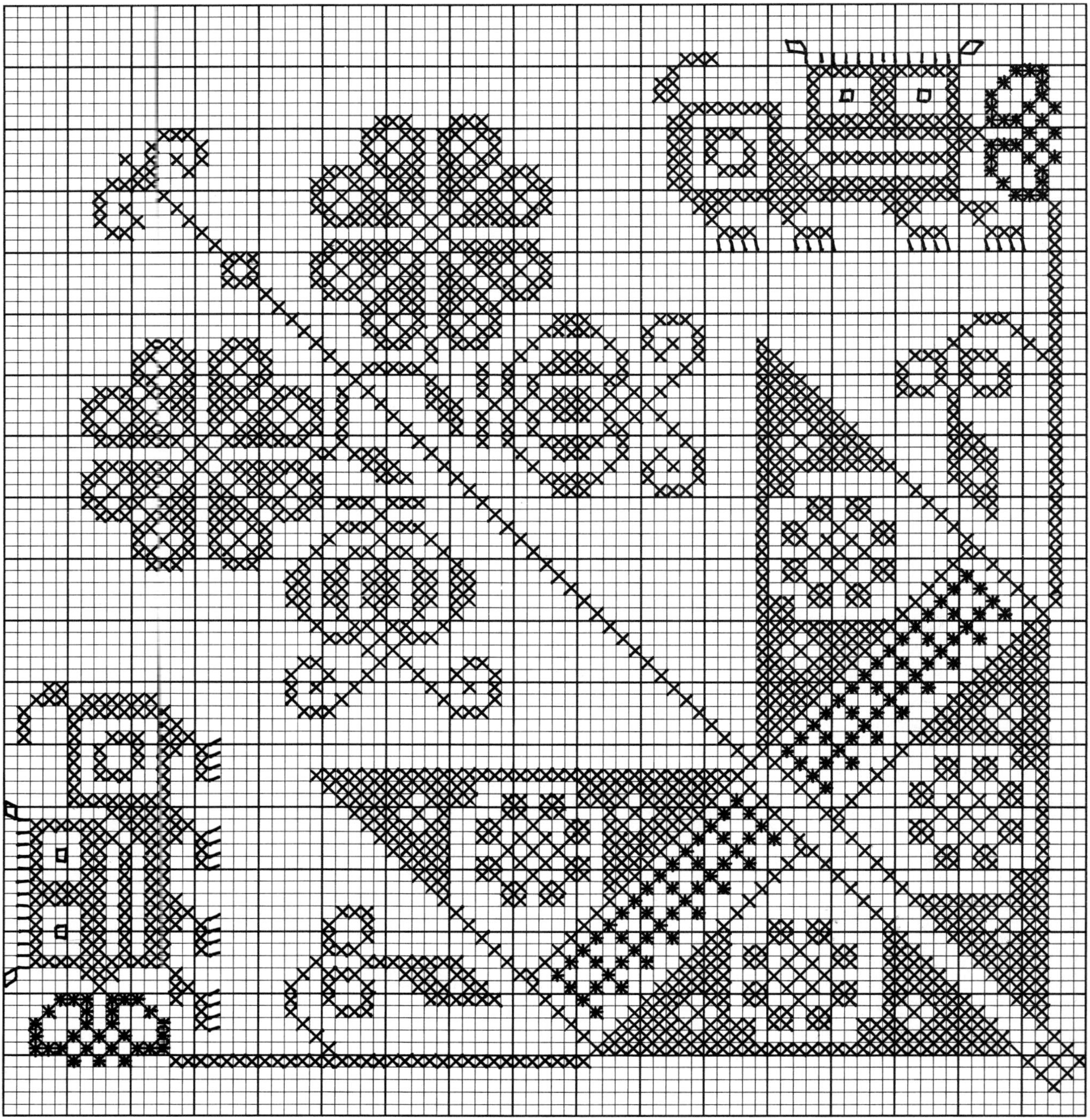

Dieser Stern wurde für eine Umhängetasche verwendet – die Frauen vom Steinwald haben dabei natürlich an ihre Kunden gedacht.

Nun kann ich mir aber gut vorstellen, daß Sie nicht so ungeheuer viel Arbeit in die Gestaltung einer Umhängetasche investieren wollen. Wenn Sie den Stern in die Mitte und die Bordüre den Rand entlang sticken, können Sie eine aparte Mitteldecke arbeiten. Sie kann variiert werden, indem Sie die Borte nur in die vier Ecken sticken, ohne sie seitlich zu schließen.

Garn
MEZ Nr.:

× *46*
✱ *227*

Kissen »Phönix«

Garn
MEZ Nr.: 921

Wenn die Menschen im alten China der Meinung waren, daß ihr Land von einem guten König regiert wurde, wenn sie ihre Zufriedenheit zum Ausdruck bringen wollten, dann verwendeten sie in ihren Stickarbeiten den männlichen Phönix.

Die Verbindung von Stickerei und Patchwork-Technik hat bei vielen Stämmen im Bereich des Goldenen Dreiecks im Grenzbereich von Thailand, Birma, Laos, und auch im angrenzenden Südchina, eine lange Tradition. Bei vielen der dort lebenden Bergstämme ist sie ein wesentlicher Bestandteil ihrer traditionellen Kleidung. So ist es durchaus kein Stilbruch, wenn hier der gestickte Phönix mit einem farblich abgestimmten Patchworkrand in »Log Cabin«-Technik kombiniert wurde.

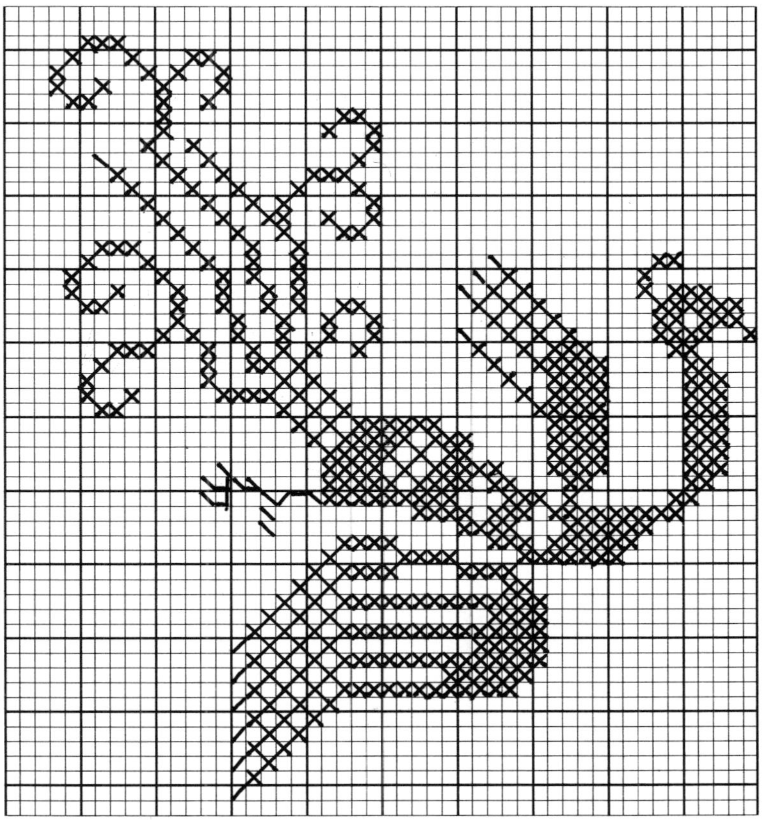

Schürzenbänder aus Dali

Diese aufwendige Stickerei verwenden die Bai-Frauen aus Dali, um die äußersten Enden ihrer Schürzenzipfel zu verzieren – die Stichgröße beträgt 1 mm!

Da die Kreuzstiche über zwei Fäden waagerecht, aber drei Fäden senkrecht gearbeitet wurden, sind die Proportionen des Musters im gestickten Original gestreckt, wenn man es mit der Musterzeichnung vergleicht.

Garn von MEZ Nr.: 47 (rot)
Garn von MEZ Nr.: 188 (blau-grün)

Die Schürzenbänder auf den Seiten 23–27 habe ich auf dem Markt in Dali gekauft – wohlgemerkt nicht auf dem, der täglich in einer Seitenstraße vor dem Hotel abläuft und der völlig auf die Touristen ausgerichtet ist. Nein, diese Stickereien stammen vom Wochenmarkt entlang der Hauptstraße, auf dem Gegenstände für den Gebrauch der einheimischen Bevölkerung angeboten werden. Darunter sind Scheußlichkeiten wie bunte Plastikschüsseln, aber auch Stickereien, die sich die Frauen kaufen, um sie dann selbst weiterzuverarbeiten – hier zu einem Schürzenband. Die beiden Schmetterlinge passen genau in die spitzen Enden der Bänder, sie können aber auch sehr gut auf einer Schleife oder einem Tischband verwendet werden.

Garn
MEZ Nr.:

✕ *47*
✕ *188*

Garn
MEZ Nr.:

✕ *28*
✕ *217*
✕ *46*
✕ *293*
✕ *314*
✕ *68*
✕ *940*

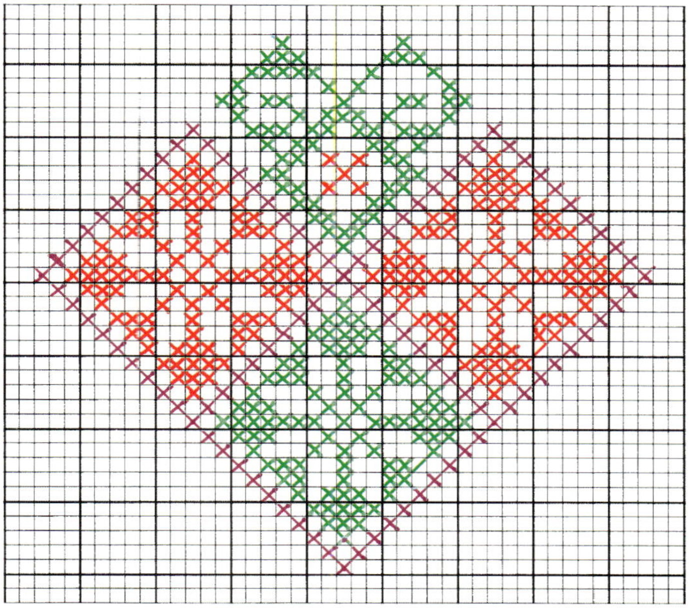

Garn
MEZ Nr.:

× *46*
× *70*
× *217*

Auch bei den folgenden Mustern handelt es sich um Verzierungen der Schürzenbänder, allerdings nicht ihrer Enden. Sie werden so angebracht, daß sie den Ansatz der Bänder an der eigentlichen Schürze verdecken, daher werden diese Muster immer paarweise verkauft. Allerdings kommt es auch bei zusammengehörigen Paaren immer wieder zu Abweichungen und Varianten – auf genau gleiche Muster wird nicht viel Wert gelegt (siehe auch Seite 33).

Die Originale sind winzig, so klein, daß es sehr schwierig war, sie abzuzeichnen. Wenn Sie diese Muster aber in einer gut zu stickenden Größe arbeiten, werden sie auf jedem Tischtuch einen sehr attraktiven Blickfang bilden.

Wir haben hier ein gutes Beispiel vor uns, daß selbst Muster, die ganz eindeutig eine Mittelachse haben, nicht immer auf beiden Seiten gleich gestickt sind. Wenn man sich erinnert, daß auch diese komplexen Muster auswendig gearbeitet werden, ist das gut zu verstehen.

Es liegt nun bei Ihnen, ob Sie den kleinen Unregelmäßigkeiten folgen wollen (und damit der gezeichneten Vorlage) oder lieber ein ganz symmetrisches Muster arbeiten. Eigentlich möchte ich Sie ermuntern, sich im Geiste der Frauen, die dies gestickt haben, alle Freiheiten zu nehmen, die Sie haben wollen. Die Musterzeichnung ist nur ein Vorschlag, erlaubt ist, was gefällt.

Garn
MEZ Nr.:

× *41*
× *42*
× *212*
× *72*

Garn
MEZ Nr.:

- × *94*
- × *46*
- × *38*
- × *298*
- × *72*
- × *212*
- × *210*

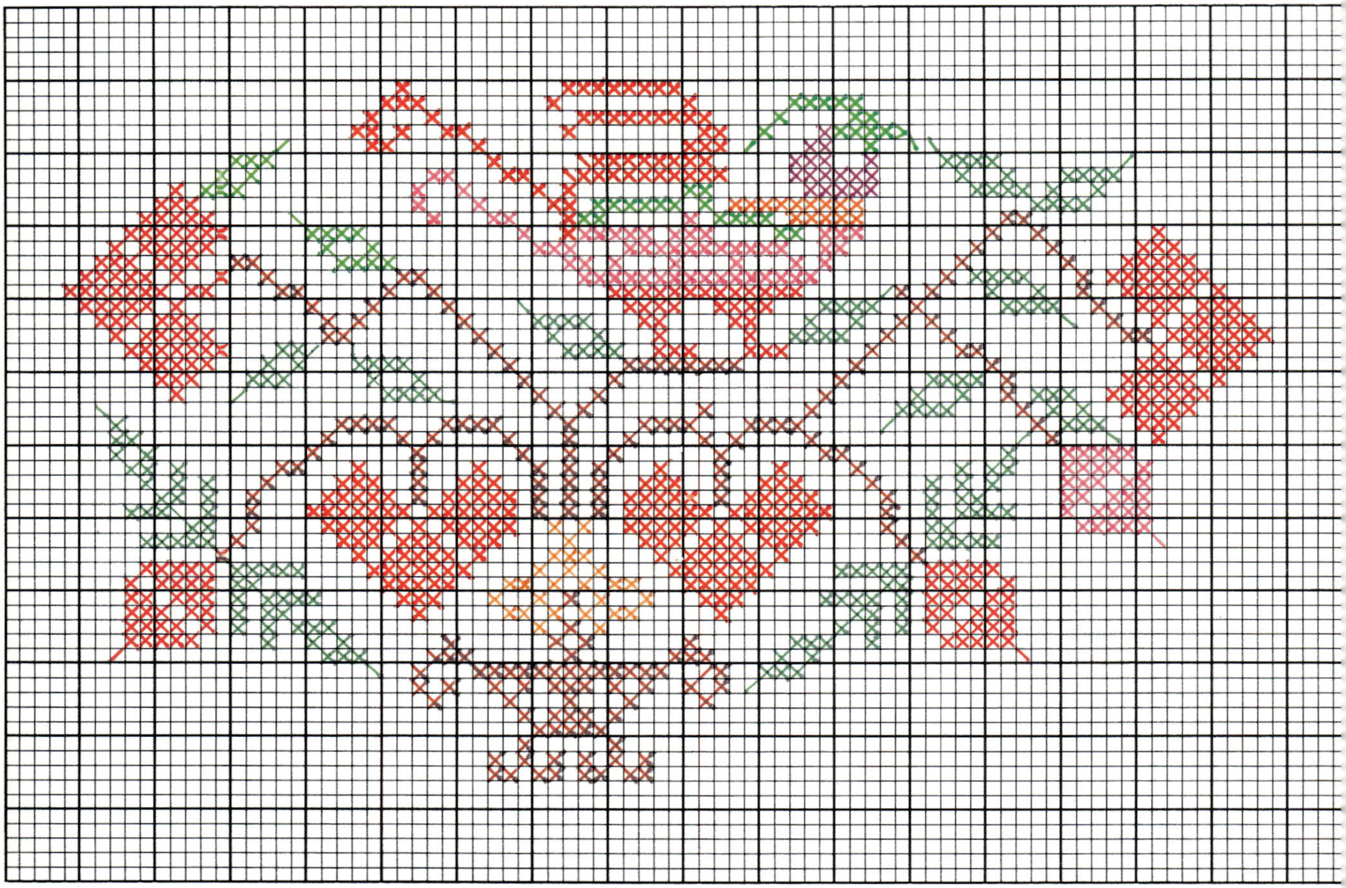

Garn
MEZ Nr.:

- 45
- 890
- 47
- 335
- 307
- 75
- 1044
- 209
- 70

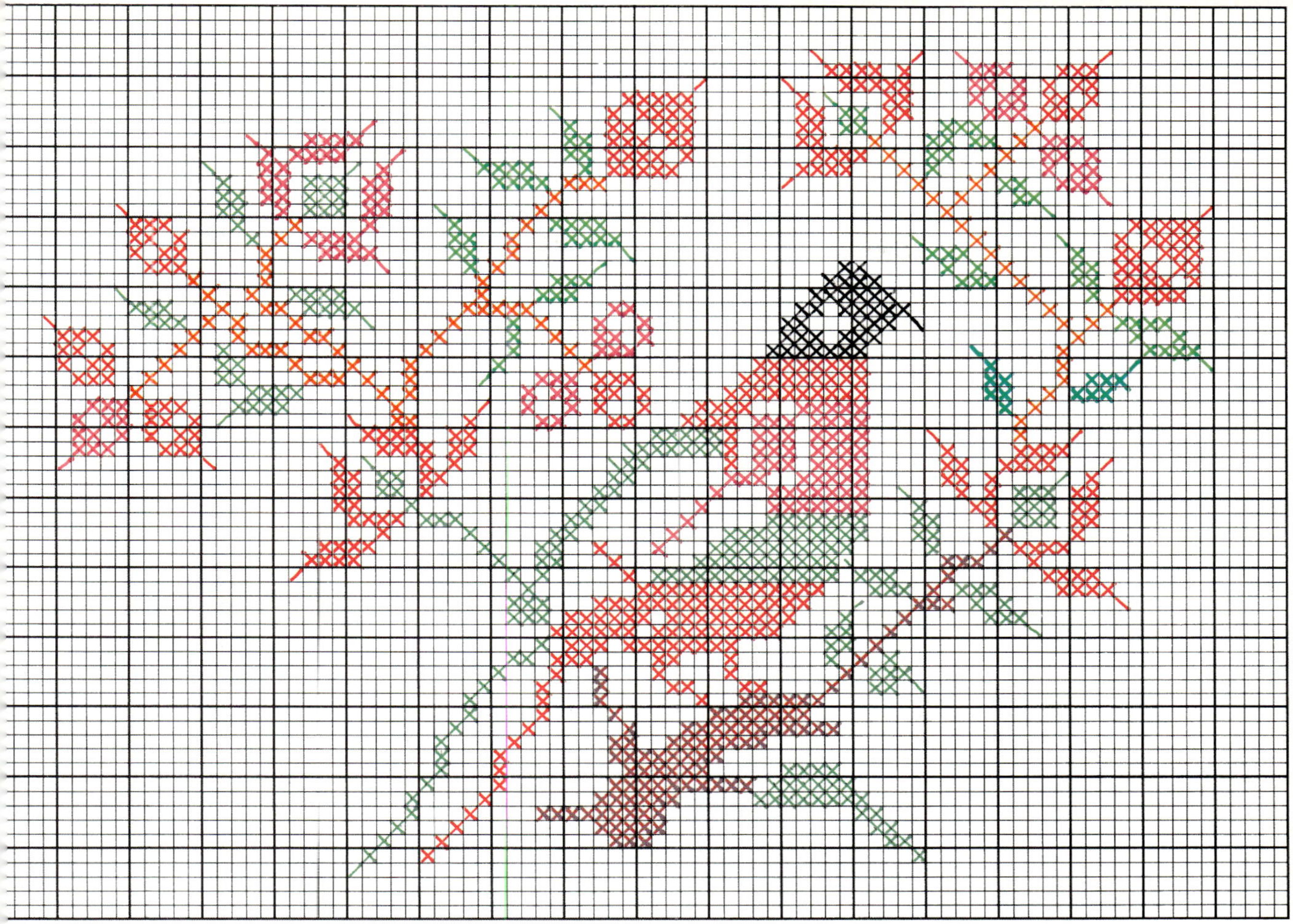

Garn
MEZ Nr.:

- 46
- 38
- 403
- 210
- 878
- 187
- 72
- 355

Kleine Tasche

Garn
MEZ Nr.:

- × *186*
- × *133*
- • *189 Kreuzstich*
- × *255*
- □ *2 Kreuzstich*

Diese Tasche wurde von Frauen aus der Volksgruppe der Akha gefertigt, die in Südchina und Nordthailand lebt. Besonders die thailändischen Akha sind sehr stark vom Tourismus geprägt. Man kann ganz mühelos eine Bus-Tagestour zu ihren Dörfern unternehmen, und sie sind auf zahlreichen Postkarten und noch viel zahlreicheren Touristenfotos abgebildet.

Selbstverständlich haben sich auch diese Frauen den Marktgegebenheiten angepaßt – sie besticken nicht mehr nur Kleidungsstücke, die zu ihrer Nationaltracht gehören, sondern produzieren sozusagen im Akkord kleine Stickereien, die sie mit Vorliebe zu Taschen verarbeiten.

Das hier vorliegende Flächenmuster ist nicht nur wunderbar ausgewogen, sondern auch farblich sehr ansprechend. Sie können es beliebig vergrößern, indem Sie z.B. Viererblocks zusammenstellen oder die Quadrate endlos nebeneinander wiederholen und so eine Borte arbeiten.

Bei diesem Flächenmuster war es nicht ganz einfach, zu einer guten graphischen Darstellung zu kommen. Deshalb sind hier einige besondere Zeichen verwendet: Alle Kästchen, die weiß geblieben sind, werden mit weißem Kreuzstich gestickt; die dunkelgrünen Punkte symbolisieren ebenfalls Kreuzstiche.

Eine gestickte Geschichte

Dieser Tischläufer hat seine besondere Geschichte, denn er wurde speziell für meine Familie gestickt. Jede Seite »gehört« einem Mitglied der Familie und sagt etwas über diese Person aus.

Beginnen wir mit dem Möbelträger – hier sitzt die Oma, die erst vor ein paar Jahren ins Haus eingezogen ist, mit all ihren Möbeln, wie man sieht. Obwohl sie noch sehr rüstig ist, habe ich vorsichtshalber das Zeichen für »langes Leben« dazugestickt, man kann ja nie wissen.

Garn MEZ Nr.: 941

LA CUISINE LA CUISINE LA CUISINE
UISINE LA CUISINE LA CUIS

An der oberen Schmalseite sitzt der Hausherr, der nach dem chinesischen Kalender im Jahr des Drachen geboren ist. Dieses Tierkreiszeichen symbolisiert Macht jeder Art und ist der Inbegriff der Güte und Stärke, also ein sehr gutartiges Tier, anders als in der europäischen Mythologie. Flußdrachen bewachen Flüsse und Brücken, den kämpfenden Drachen findet man auf Schwertern, der persönliche Drache wacht über dich und deinen Haushalt. Der Drache mit den fünf Klauen ist das Abzeichen des Kaisers und bedeutet höchste Macht.

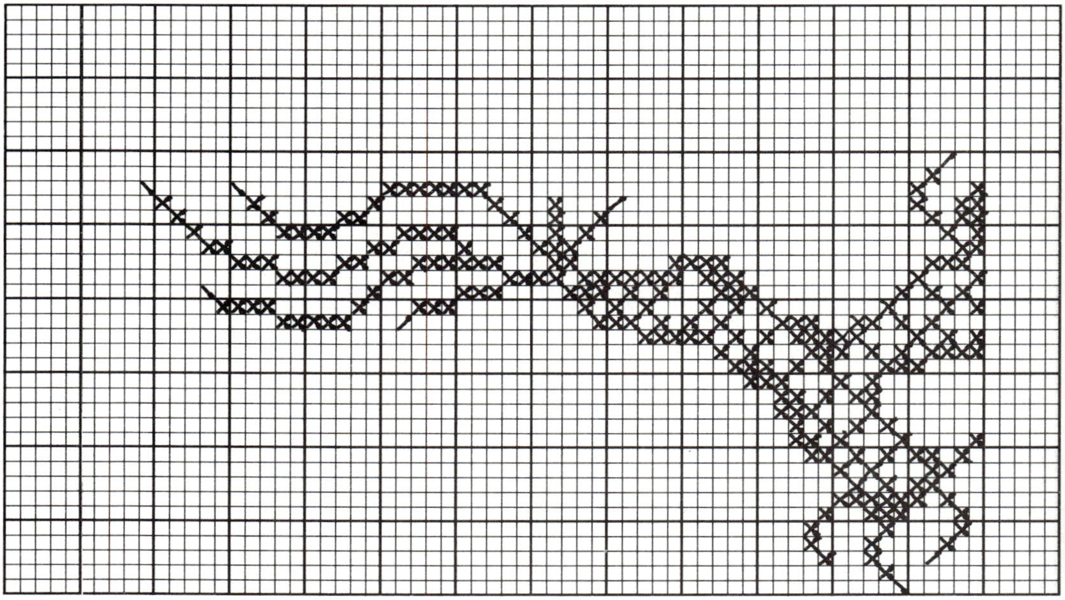

Ein anderes Tier, das in der chinesischen Mythologie eine sehr wichtige Rolle spielt, ist der Phönix. Sein Körper stellt die fünf menschlichen Qualitäten dar: Tugend, Pflicht, richtiges Verhalten, Menschlichkeit und Zuverlässigkeit.

Häufig werden Phönix und Drache gemeinsam dargestellt und symbolisieren dann Kaiser und Kaiserin.

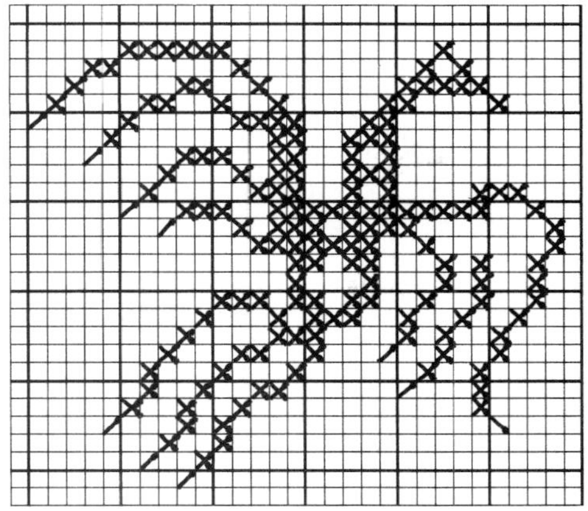

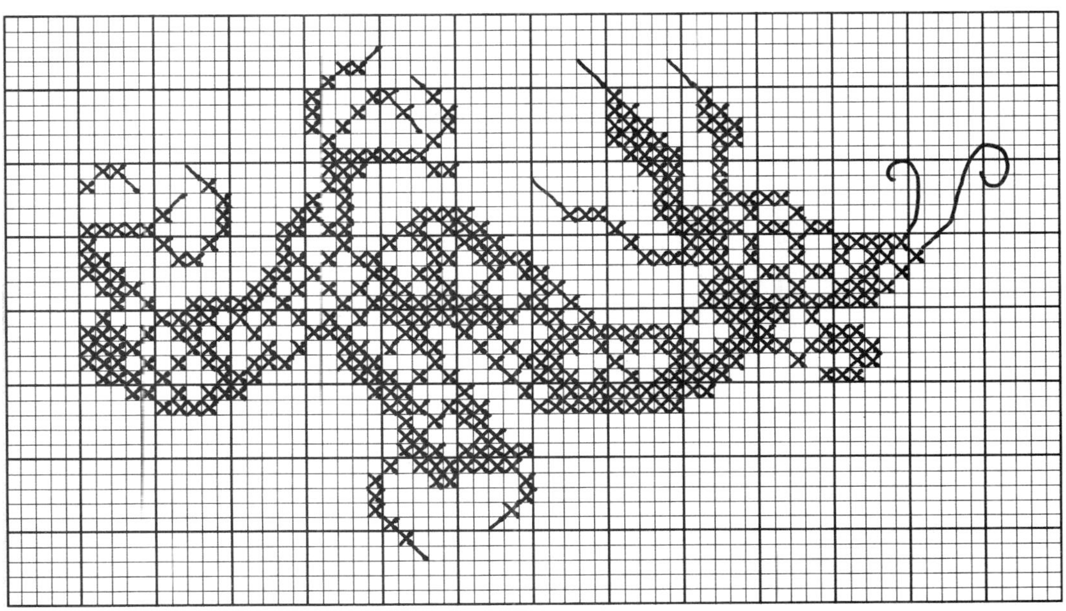

Die andere Längsseite gehört Max, Omas heißgeliebtem Enkel. Er ist ein fröhliches, unternehmungslustiges Kind, das hier eine Laterne trägt, aber auch gerne Drachen steigen läßt.

Sein Vater arbeitet in der Löwen-Apotheke, daher spielt ein freundlicher Löwe in Maxls Nähe. Eine Blume, ein Schmetterling und ein kleines Mädchen vervollständigen die Welt des Buben.

Die Katze allerdings ist wichtig, denn sie war in China im allgemeinen gern gesehen. Man glaubte, daß sie die bösen Geister vertreibe. Sie ist mit dämonischen Kräften begabt, einerseits nützlich, andererseits gefährlich: Mütter drohen ihren Kindern, die nicht einschlafen wollen, die Katze werde sie holen. Katzen stickt man aber auch auf die Schuhe der Kinder, denn sie fangen Ratten, die die Kleinen im Schlaf anfallen könnten.

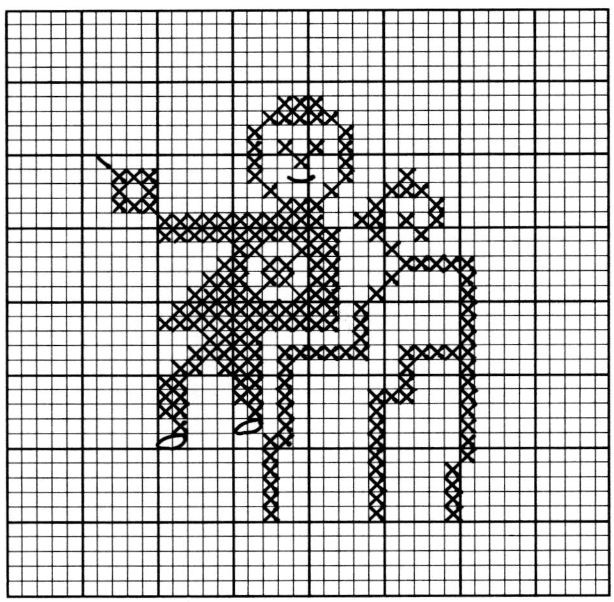

An der Schmalseite sieht man die Hausherrin, wie sie in der Türe steht und interessiert auf ihren Garten blickt.

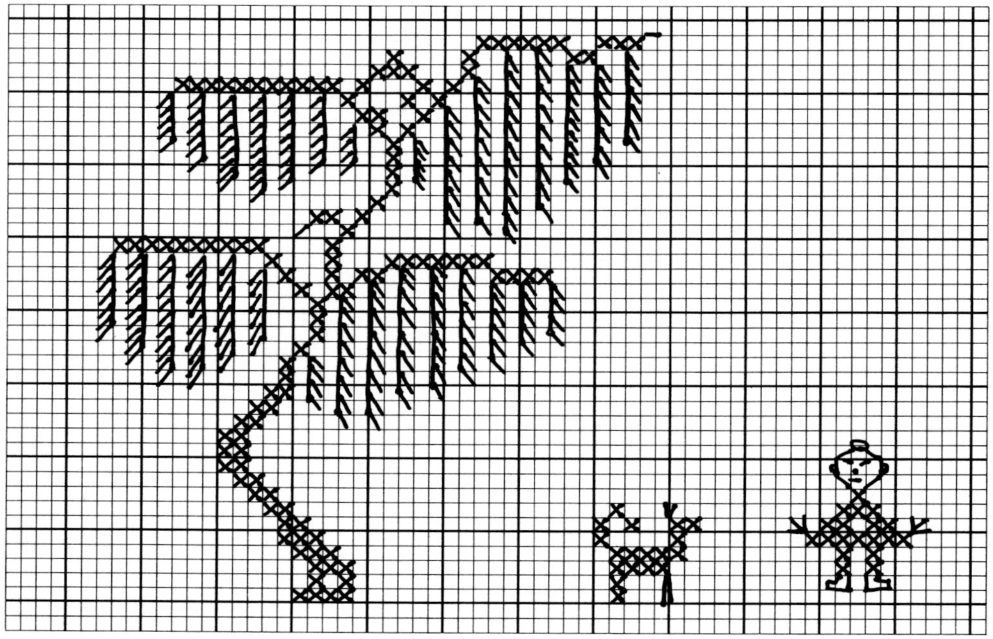

Hier habe ich noch einige kleinere Muster abgezeichnet, die ich für meine Geschichte nicht verwendet habe. Vielleicht sind sie Ihnen bei der Verwirklichung Ihrer ganz persönlichen Decke nützlich.

Das Kleinkind (Muster S.40) war auf ein Kinderlätzchen gestickt, das ich auf dem Wochenmarkt in Dali kaufte.

Besonders bezaubernd ist die Weide, die sich förmlich im Wind zu bewegen scheint.

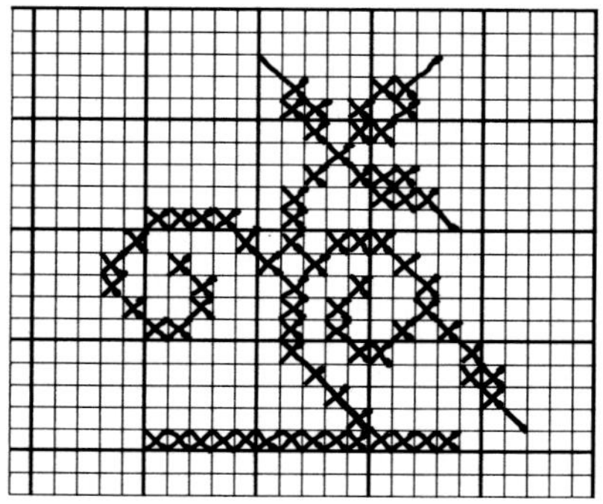

Chinesische Symbole

Die Chinesen lieben die Verwendung von Symbolen. Einige, die mir bei den Stickereien am häufigsten aufgefallen sind, möchte ich Ihnen hier vorstellen.

Doppeltes xi - Eheglück

Im Chinesischen gibt es zahllose unterschiedliche Schriftzeichen für Glück – je nachdem, um welche besondere Sorte von Glück es sich handelt.

Bei uns ist das bekannteste das doppelte *xi,* das eheliches Glück bedeutet. Es ist in China sehr weit verbreitet – als Schriftzeichen am Türstock der Wohnung von Neuvermählten, als Scherenschnitt oder als kalligraphisch gestaltete Schriftrolle.

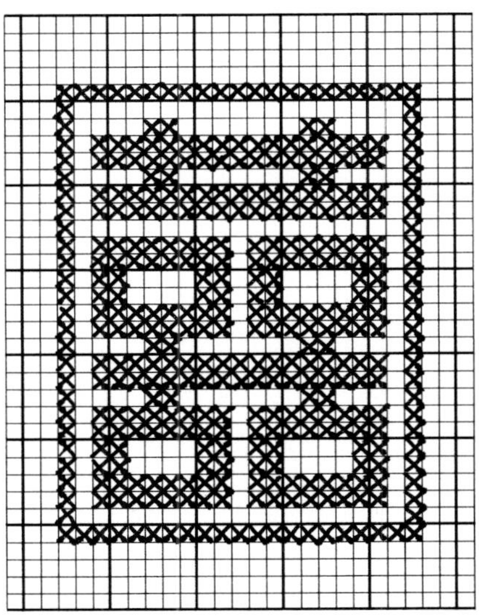

Hier allerdings haben wir etwas ganz Besonderes: Auf dem Wochenmarkt in Dali kaufte ich ein Paar Hochzeitssohlen, also Einlegesohlen für die Schuhe von Neuvermählten.

Nicht nur die Schriftzeichen haben eine besondere Symbolik, auch die Farben. Die vorliegende Farbkombination ist besonders glücksbringend: Rot ist die Farbe des Lebens, des Sommers und des Reichtums, weiß verspricht ein langes Leben, grün den erwünschten Kindersegen.

Was könnte man also einem jungen Paar mehr wünschen als das, was in diesen Hochzeitssohlen ausgedrückt ist: eheliches Glück, langes Leben, Reichtum und Kindersegen – wobei letzterer allerdings in unserer Zeit nicht immer erlaubt oder erhofft ist.

Beim *xi* ist zudem das einzelne Schriftzeichen je acht Kästchen breit. Es spielt also auch Zahlensymbolik herein, denn die Zahl acht ist zwar, wie alle geraden Zahlen, weiblich, aber sie wird sehr eng mit dem Mann in Verbindung gesetzt, denn das Leben des Mannes wird von der Zahl acht beherrscht: Mit acht Monaten bekommt er die Milchzähne, mit acht Jahren verliert er sie. Mit zwei mal acht Jahren wird er mannbar, mit acht mal acht Jahren zeugungsunfähig.

Wohl keine andere Stickerei ist so durchdrungen von vielschichtiger Symbolik, wie es diese Sohlen sind – wen wundert es, wenn man bedenkt, was für ein wichtiger Schritt im Leben die Eheschließung ist.

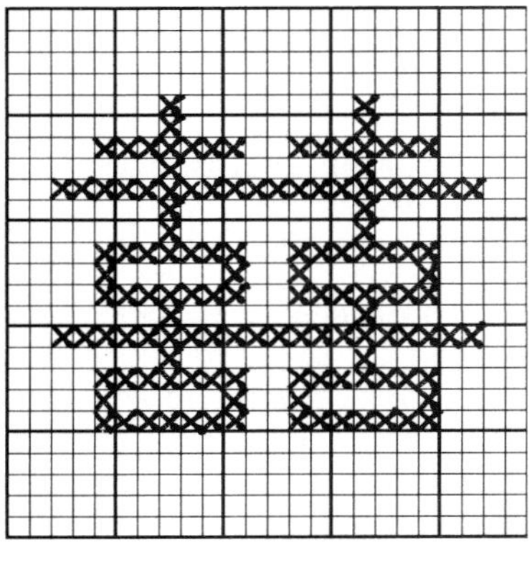

Stern

Sterne sollen das Überleben der Kinder und ein hohes Alter gewähren; aus diesem Grund werden Hochzeitssohlen auch mit Sternen bestickt.

Natürlich sind gestickte Hochzeitssohlen ein originelles Geschenk für ein europäisches Brautpaar, allerdings sind sie nicht besonders nützlich. Viel-

leicht möchten Sie aber eine Hochzeitsdecke gestalten, etwa mit einer Sternenborte und zahlreichen *xi*-Zeichen. So hat das Brautpaar Ihre guten Wünsche immer vor Augen.

Wenn Sie aber das doppelte *xi* nicht verwenden, können Sie eine wunderschöne Sternendecke für die Winterzeit gestalten.

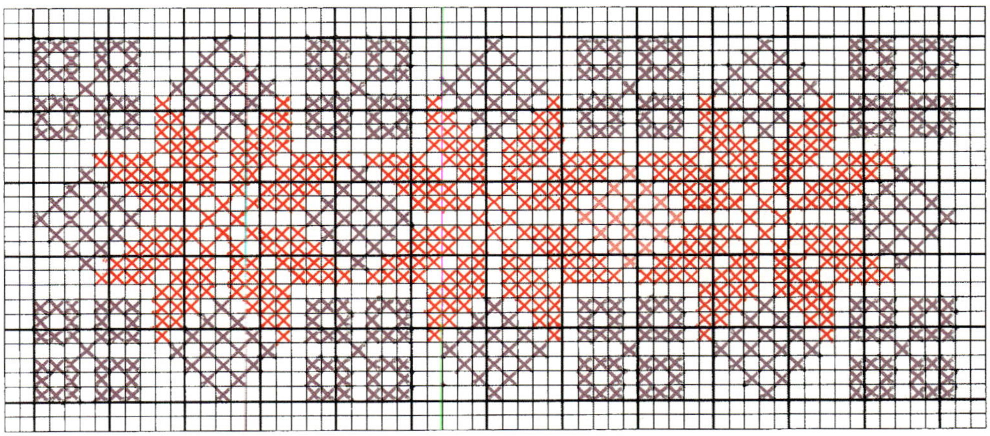

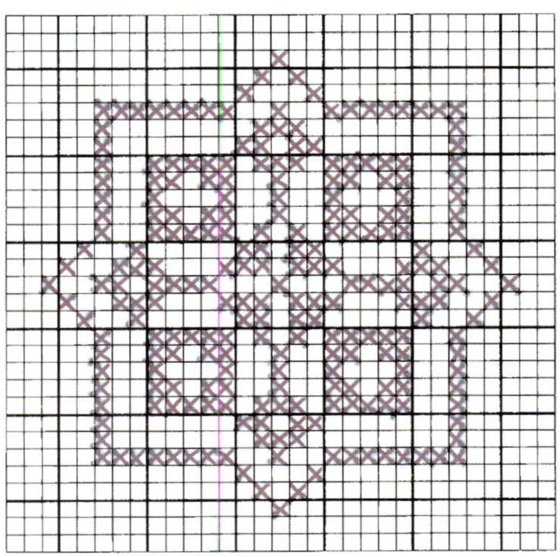

Garn
MEZ Nr.:

× *2*
× *19*

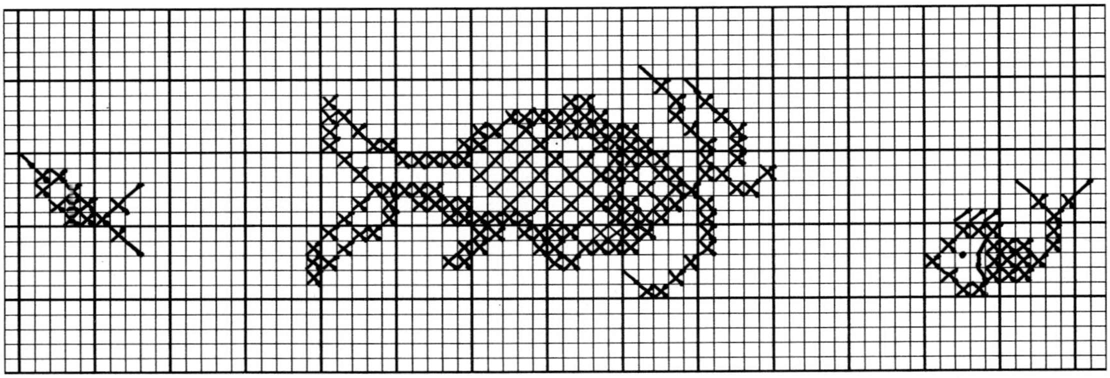

Fisch

Das chinesische Wort für Fisch (*yü*) ist gleichlautend mit dem Wort für »Überfluß«. Daher wird oft ein Fisch verwendet, wenn die Stickerin verdeutlichen möchte, daß sie jemandem großen Reichtum wünscht. Kein Wunder also, wenn sich Fische in den phantasievollsten Formen auf vielen chinesischen Handarbeiten tummeln.

Die Kombination von Fisch und Wasser ist ein Symbol der ehelichen Harmonie und daher bei Hochzeitsgeschenken besonders beliebt.

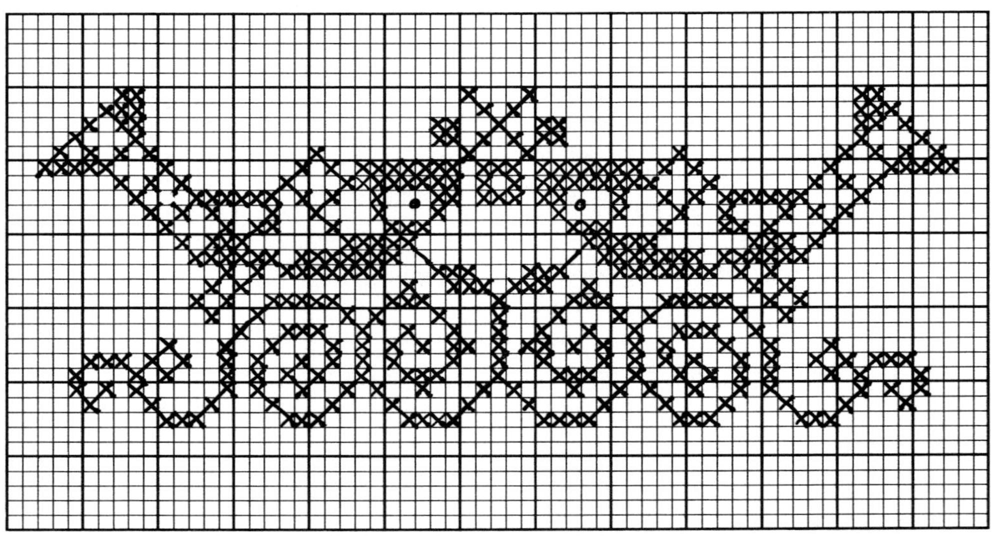

Die Ecken von Taschentüchern und Kissenbezügen werden in China gerne mit Stickereien geschmückt. Allerdings verwendet man dabei selten vier identische Muster. Üblicherweise werden nur die gegenüberliegenden Ecken mit dem gleichen Motiv versehen – in unserem Fall mit dem Fisch als Symbol für »Überfluß« und dem Granatapfel, einem Sinnbild für »Fruchtbarkeit«.

Schmetterling

In China gibt es eine Vielzahl von Schmetterlingen. Sie sind teilweise erstaunlich groß und von ungeheurer Farbenvielfalt. So nimmt es nicht wunder, daß dieses Insekt häufig in Malerei und Dichtung, aber auch in der Stickerei erscheint.

Der Schmetterling hat zahlreiche Bedeutungen – alle sind sie positiv! So ist er nicht nur das Emblem für Freude, sondern auch für Sommer. Hinzu kommt, daß das chinesische Wort für Schmetterling (*die*) klanggleich ist mit dem Wort für »langes Leben«; so schmücken Schmetterlinge besonders oft die Kinderkleidung.

Der Schmetterling symbolisiert auch »eheliches Glück«, man kann ihn fast als chinesischen Liebesboten bezeichnen. Wenn man dies weiß, wird klar, warum ich von keinem anderen Tier so viele gestickte Beispiele sammeln konnte. Obwohl sie von den Bäuerinnen in Dali einfarbig gestickt wurden (weiß auf blau oder blau auf weiß), kann man sie gut mit bunten Garnen gestalten. Durch eine Tischdecke, über die exotisch bunte Falter gaukeln, holen Sie fernöstlichen Charme in Ihre Wohnung. Lassen Sie Ihrer Phantasie ruhig freien Lauf!

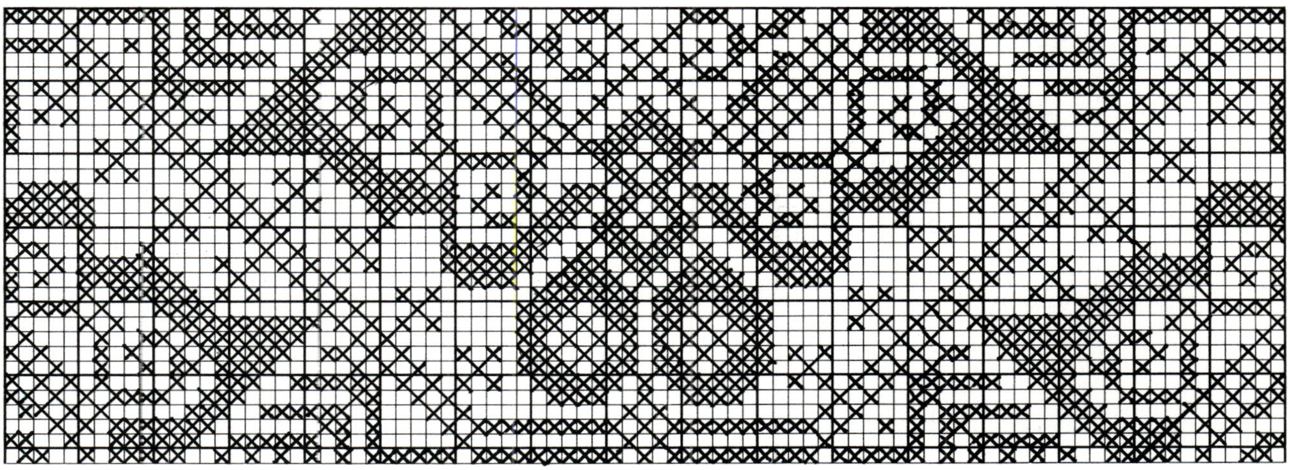

Für diese Borte hat sich die Stickerin einen besonders prächtigen Schmetterling ausgedacht. Wenn Sie ihn beim Nacharbeiten freistellen, kommt er sicher noch besser zur Geltung. Und wie mir scheint, bittet dieses Phantasietier geradezu darum, mit buntem Garn gearbeitet zu werden.

Lotos

Die Vorliebe der Chinesen für Blumen kommt auch in der Stickerei zum Ausdruck. Allerdings werden die Motive nach dem Gutdünken der Stickerinnen so verändert, daß man die einzelnen Exemplare nach botanischen Gesichtspunkten meist nicht mehr einordnen kann.

Hier allerdings handelt es sich zweifelsfrei um eine Lotosblume, eine besonders symbolträchtige Pflanze. Vor allem die Buddhisten sehen in ihr den Ausdruck höchster Reinheit. Der Lotos kommt aus dem Schlamm, aber über dem Wasserspiegel entfaltet er seine Schönheit.

Auch die Lotosblume gilt als Symbol des ehelichen Glücks und könnte deshalb mit Sternen (Seite 48) und doppeltem *xi* (Seite 45) auf eine Hochzeitsdecke gestickt werden.

Mitteldecke

Diese Mitteldecke wurde nicht in China gearbeitet, sondern bei mir zu Hause nachgestickt.

Das Mittelteil zeigt Schmetterlinge und Granatäpfel, beides glücksbringende Motive (Seite 51, 52). Die Muster an den Längsseiten stellen unterschiedliche Blumenkörbe dar. In China ist es nämlich durchaus üblich, die vier Seiten (oder Ecken) einer Stickerei mit verschiedenen Motiven zu versehen; dies wurde hier beibehalten, es gibt der Decke ihren besonderen Reiz.

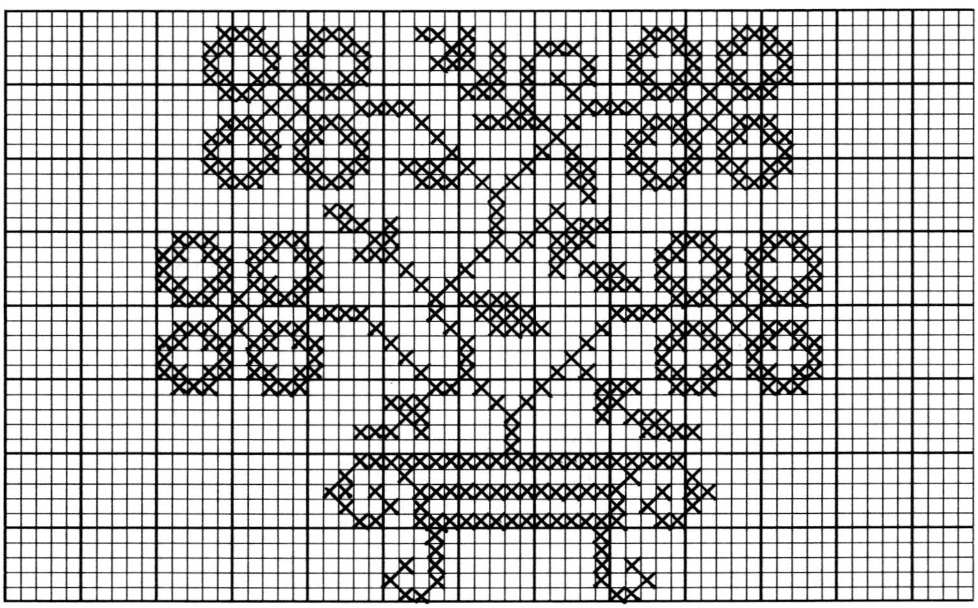

Kopftuch aus Dali

Gleich bei meiner Ankunft in Dali fiel mir auf, daß die Frauen und Mädchen eine ganz besondere Art von Kopftüchern tragen, die ich sonst nirgendwo gesehen habe. Wie in vielen Kulturen ist es auch hier so, daß die Kopftücher von verheirateten Frauen und von jungen Mädchen unterschiedlich sind. Bereits am Kopftuch kann man also den Stand einer Frau ablesen.

Das Kopftuch der Frauen ist etwa 37 x 50 cm groß, es handelt sich also eher um kleine, rechteckige Deckchen, die mit unseren großen, quadratischen Tüchern nicht zu vergleichen sind. Sie werden am Hinterkopf zusammen mit dem Haarknoten befestigt; dies geschieht mit Hilfe einer Spange, die es bei uns nirgendwo gibt: ein fein ziseliertes, gebogenes Silberblech hält zugleich Haare und Kopftuch fest.

Uns mutet es eigenartig an, daß der Haaransatz der Frauen an der Stirn weit nach hinten verschoben ist, so daß die Haare größtenteils vom Kopftuch verborgen werden, obwohl dieses sehr weit hinten getragen wird. Auf dem oberen Teil der Stirn tragen die Frauen in Dali einen zwei bis drei Zentimeter breiten ausgestopften Stoffwulst, der den eigentlichen Haaransatz völlig verdeckt.

Bei Verheirateten ist dieser Stoffwulst immer schwarz, junge, unverheiratete Mädchen dagegen tragen an seiner Stelle ein breites, buntes Band, das sie wie Paradiesvögel aussehen läßt.

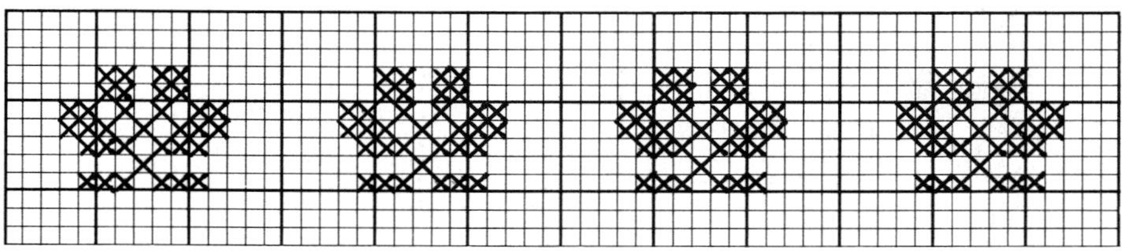

Die Stickerei auf diesen Tüchern ist äußerst sorgfältig gearbeitet. Hier ist schließlich eine gute Gelegenheit, zu zeigen, wie kunstfertig man ist.

Auch war ich immer wieder erstaunt und fasziniert, wie unglaublich klein die einzelnen Stiche sind. Sie können sich selbst einen Eindruck verschaffen, wenn Sie das Original und das Muster auf Seite 62 miteinander vergleichen. Die Ecke, die ich hier nachgezeichnet habe, ist 10 cm groß, das Original nur 6 cm – ein gesticktes Kreuzchen ist also kaum größer als ein Millimeter!

Auf diesem Foto ist eine weitere Eigenart der Stickereien aus Dali festgehalten: Wenn gewünscht, werden Muster ohne Berücksichtigung des Fadenlaufs aufgestickt. Hier geschah dies mit der kleinen Schmetterlingsborte, die den Abschluß der Ecke bildet. Es ist völlig unmöglich, die Borte so frei auf das Karopapier zu zeichnen. Zum Nacharbeiten habe ich sie auf der gegenüberliegenden Seite ordnungsgemäß auf einen Raster gesetzt.

Der Musterschatz auf den Kopftüchern der Frauen von Dali ist überwältigend. Ob es sich um Borten handelt, um Sterne oder um stilisierte Blumen, die in der Mitte über der Stirn zu liegen kommen (Seite 64 unten), ob Sie eine besonders gelungene Ecklösung suchen – auf diesen Tüchern finden Sie, was das Herz einer Stickerin begehrt.

Ein Märchen der Bai

Daß großes Geschick beim Sticken auch früher schon sehr gefragt war, davon berichtet eine Geschichte, die man sich noch heute bei den Bai erzählt.

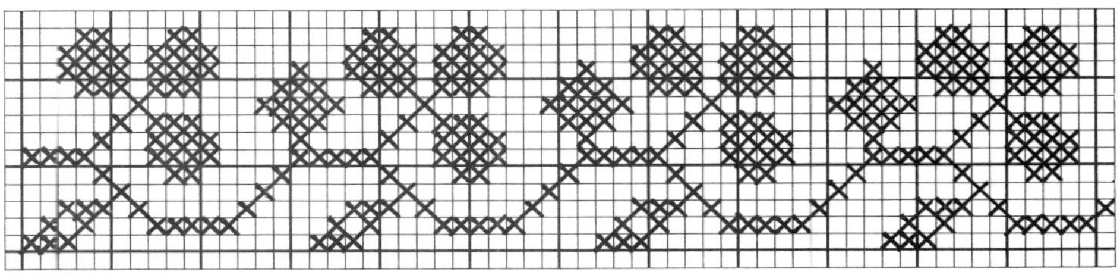

An der Westseite des Erhai-Sees wohnte vor langer Zeit ein Vater mit seiner Tochter Ahau. Ganz in der Nähe lebte ein junger Mann mit Namen Along. Die beiden spielten als Kinder miteinander, lernten miteinander und wuchsen zusammen auf. Und als die Zeit gekommen war, liebten sie einander.

Da ihre Eltern einverstanden waren, tauschten die beiden Verlobungsgeschenke aus. Along gab seiner Braut zwei silberne Armreife, Ahau gab ihm ein gesticktes Schweißtuch. Dies war so wunderschön mit Schmetterlingen bestickt, daß niemand zuvor je etwas Schöneres gesehen hatte.

Der Fürst im nahegelegenen Dali hörte von diesem Mädchen und seiner Stickkunst. So entschloß er sich, Ahau in seinen Palast zu holen, damit sie fortan für ihn sticken sollte, denn er konnte den Gedanken nicht ertragen, daß ein anderer Mann schönere Stickereien besitzen sollte als er selbst. Unverzüglich schwärmten die Männer des Fürsten aus, um das Mädchen zu holen.

Das junge Paar jedoch hörte die herannahenden Horden und flüchtete. Sie liefen immer weiter, bis sie endlich in einen Wald kamen, wo sie sich in einer kleinen Hütte niederließen.

Die Männer des Fürsten warteten jedoch geduldig, bis ihre Zeit gekommen wäre.

Und es kam, wie es kommen mußte: Eines Tages jagte Ahau in den Bergen, und als er zurückkam, entdeckte er, daß die Männer des Fürsten seine Frau entführt hatten.

Der junge Mann war verzweifelt, denn er glaubte, ohne seine Liebste nicht leben zu können. Deshalb schlich er sich nachts in den Palast des Fürsten und befreite Along.

Dies blieb jedoch nicht unentdeckt, und Soldaten nahmen unverzüglich die Verfolgung auf.

Die beiden liefen in die Berge, bis sie endlich vor einem tiefen See standen. Und weil sie erkannten, daß es kein Entkommen mehr für sie gab, sprangen sie gemeinsam in das tiefe, dunkle Wasser. Dies schien ihnen besser zu sein, als fortan getrennt leben zu müssen.

Die Soldaten kamen zu spät, die Wellen hatten sich über dem unglücklichen Paar geschlossen. Wolken zogen auf, die Sonne verfinsterte sich, und es gab einen schrecklichen Regen, so daß die Verfolger umkehrten.

Als der See wieder einsam dalag, verzogen sich die Wolken, die Sonne schien wieder, und aus der Tiefe des Sees stiegen zwei wunderschöne Schmetterlinge herauf.

Im vierten Monat des Mondkalenders denken die Bai noch heute an die traurige Liebesgeschichte von Ahau und Along.

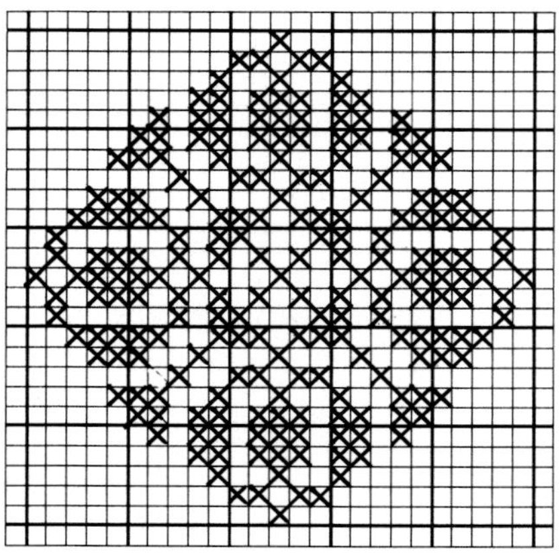

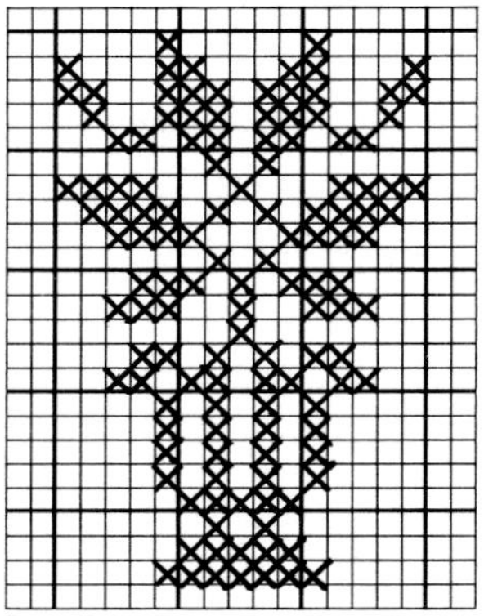

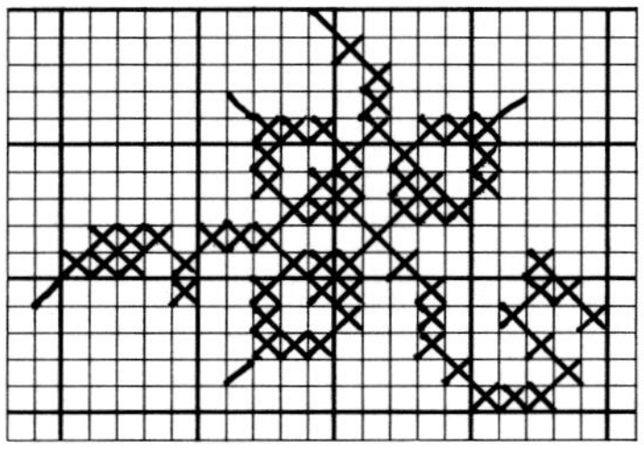

Gürtel

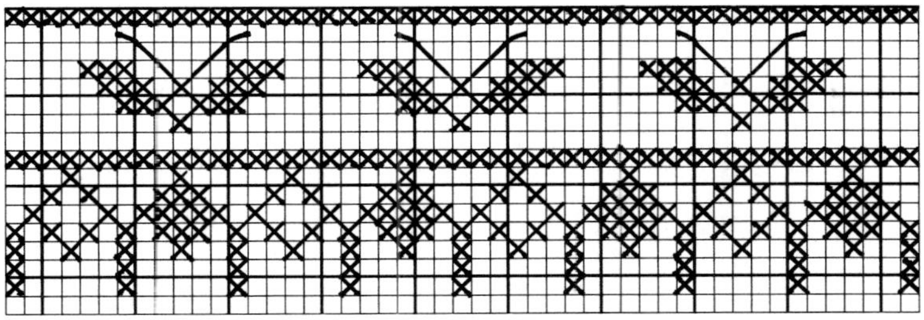

Die Frauen von Dali lassen wirklich keine Gelegenheit aus, um ihre Trachten und die Gegenstände des täglichen Gebrauchs mit herrlichen Stickereien zu verzieren. Die feine Arbeit, mit der dieses Gürtelende geschmückt ist, ist in vielfacher Hinsicht besonders bemerkenswert. Die Stickerei wurde hier besonders kunstvoll und exakt ausgeführt und ist ausgesprochen abwechslungsreich. Aber Sie können hier auch aus einem reichen Schatz von verschiedenen Borten auswählen, die Motive laden zum Nacharbeiten geradezu ein. Sie können beispielsweise für ein Tischband verwendet werden oder für eine ganze Tischdecke.

Wie bei den Schürzenbändern (Seite 23) wurde hier am Gürtelende ein Schmetterling eingearbeitet.

Bemerkenswert ist auch, daß die Borten auf diesem Gürtel nicht der Länge nach gestickt wurden, sondern quer. Die Stickerin kann so eine Vielzahl von prächtigen Mustern zur Schau stellen.

Eine Entwicklung der modernen Zeit ist es, daß heute diese Gürtel auf dem Markt gekauft werden können, allerdings sind sie leider nicht mehr bestickt, sondern gewebt. So ist zu befürchten, daß viele dieser Muster verlorengehen, da sie von niemandem mehr gearbeitet werden und bisher kaum schriftliche Aufzeichnungen darüber gemacht wurden.

Haarspange

Im Grenzbereich von Laos, Birma, Thailand und der südchinesischen Provinz Yünnan leben auch heute noch zahlreiche Stämme wie vor hundert Jahren: Sie sind nicht seßhaft und betreiben Brandrodungs-Wanderfeldbau. Es gibt die gleichen Bergvölker diesseits und jenseits der Grenzen – denn was bedeuten schon Grenzen in einem dichten, tropischen Wald, in dem es bestenfalls einige Fußpfade gibt, aber keine Straßen?

Hier leben die Mien, Miao und Hmong. Sie stellen wunderschöne Stickereien her, die noch heute ein wesentlicher Bestandteil ihrer traditionellen Kleidung sind. Meist wird auf schwarzen Baumwollstoff gestickt, was eine ganz eigene Wirkung hervorruft, denn Schwarz als Grundfarbe einer Stickerei ist äußerst eindrucksvoll.

Die Mien-Frauen beherrschen eine verblüffende Sticktechnik: Sie sticken auf der Rückseite des Stoffes und können das Muster erst sehen, wenn sie den Stoff umdrehen.

Der Tourismus in Thailand hat einen starken Aufschwung genommen, was die Frauen dieser Region natürlich ausnutzen: Sie verkaufen Stickereien, die speziell für die Bedürfnisse der Touristen angefertigt sind, also kleine Beutel, Deckchen und Haarspangen (Foto Seite 17), für die es den Klappmechanismus auch bei uns in jedem Bastelgeschäft zu kaufen gibt.

Garn MEZ Nr.:

× *289*
× *1005*
× *2 (weiß)*

Literaturverzeichnis

Baker, Muriel/Lunt, Margaret: Blue and White. The Cotton Embroideries of Rural China. London 1978

Lewis, Paul und Elaine: Völker im Goldenen Dreieck. Stuttgart 1984

Williams, C.A.S.: Outlines of Chinese Symbolism & Art Motives. New York 1976

Wolfram, Eberhard: Lexikon chinesischer Symbole. München 1989

Yin-yin, Szeto: Folkways of Chinese Children – Dress and Symbolism in China. Hongkong 1990

Richly woven Traditions – Costumes of the Miao of Southwest China and Beyond. New York 1987

Dank

Bei einem Buch wie dem vorliegenden muß der Dank Menschen auf zwei Kontinenten gelten. Zum einen den hilfreichen Freunden in Deutschland, wie Frau Kleinmann, die die Schachtel »Besuch kommt« bezogen hat. Und natürlich vor allem meiner Mutter, die Ideen, Zeichnungen, Stickereien und ihr profundes Wissen zum Gelingen meines Buches beigesteuert hat.

In Hongkong waren mir Frau Valerie Garrett und Monsieur Eric Boudot eine unschätzbare Hilfe.

Meine geduldige Freundin Candy Lo half mir, die Reisepläne auszuarbeiten, und übersetzte manche kniffligen Stellen, wenn ich nicht weiterkam.

Es gibt aber auch eine ganze Reihe von Menschen, die nie von diesem Buch erfahren werden und doch daran Teil haben: die freundliche Frau, die mir im nächtlichen Kunming den Weg zum Busbahnhof wies, und meine zahlreichen Reisegenossen in den Bussen und auf den Straßen.

Aber vor allem gilt mein Dank natürlich den Frauen von Dali (Provinz Yünnan, Südchina), bei denen ich mehrere Wochen verbrachte. Sie liehen mir ihre schönsten Stickereien zum Abzeichnen, manche Stücke verkauften sie mir auch, und sie hatten eine endlose Geduld, wenn die fremde »Langnase« wieder einmal etwas nicht verstand.

Sie waren sehr dankbar, daß ihre Muster von mir gesammelt wurden, und ich hoffe sehr, daß sich mir die Möglichkeit bietet, ihnen dieses Buch zukommen zu lassen.